AF464361

TIRAGE A PART

DES

Vignettes de Aug.-H. THOMAS

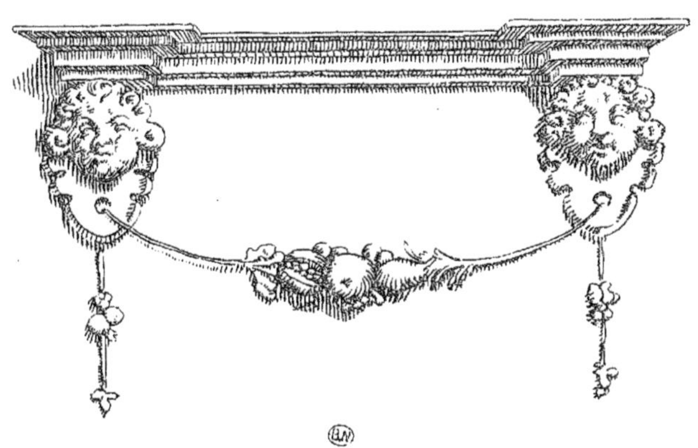

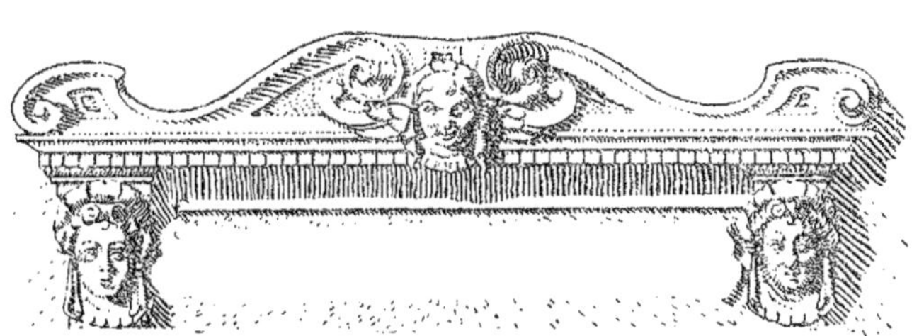

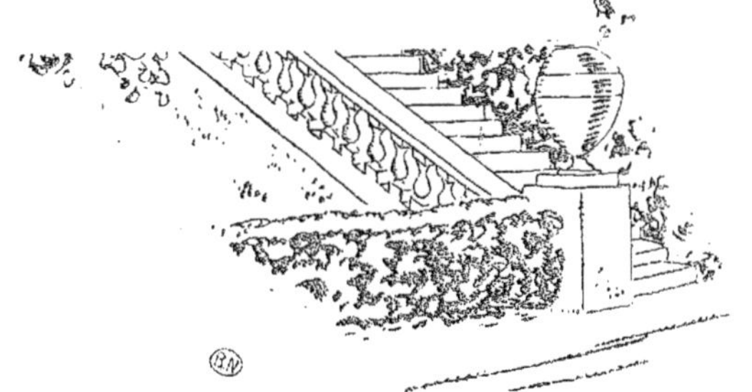

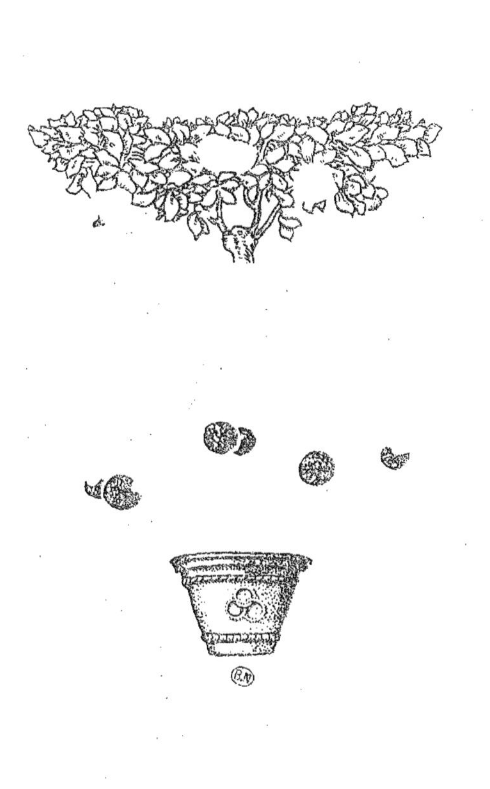

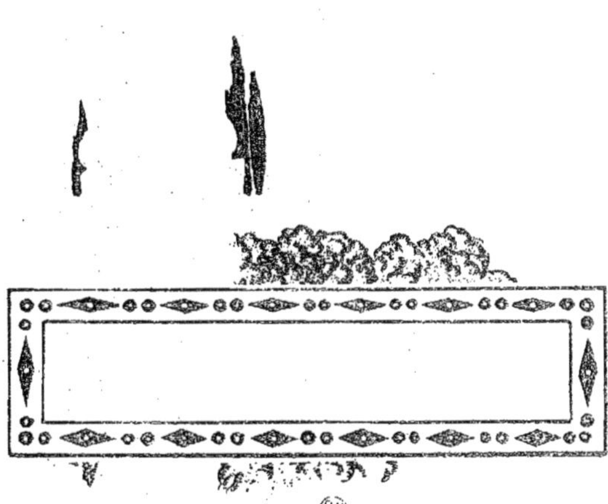

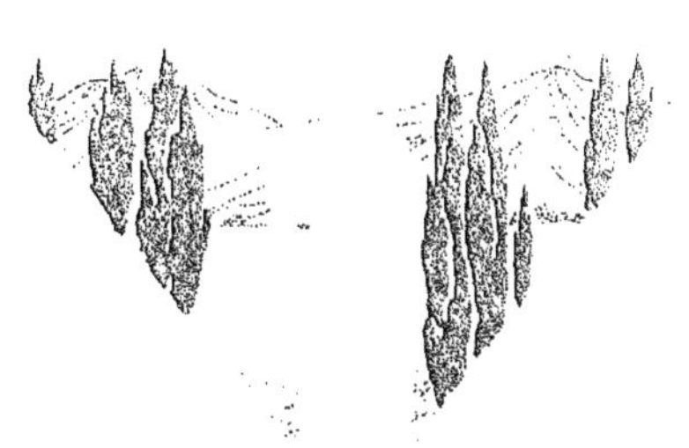

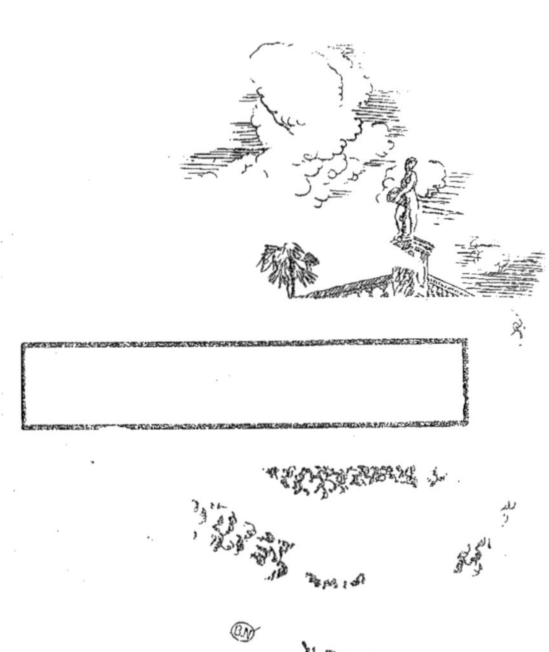

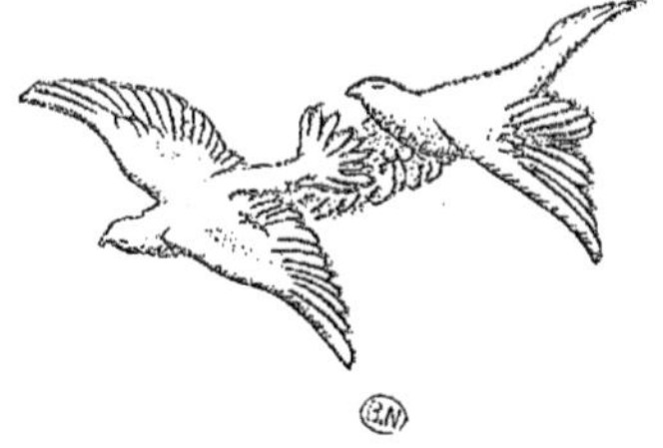

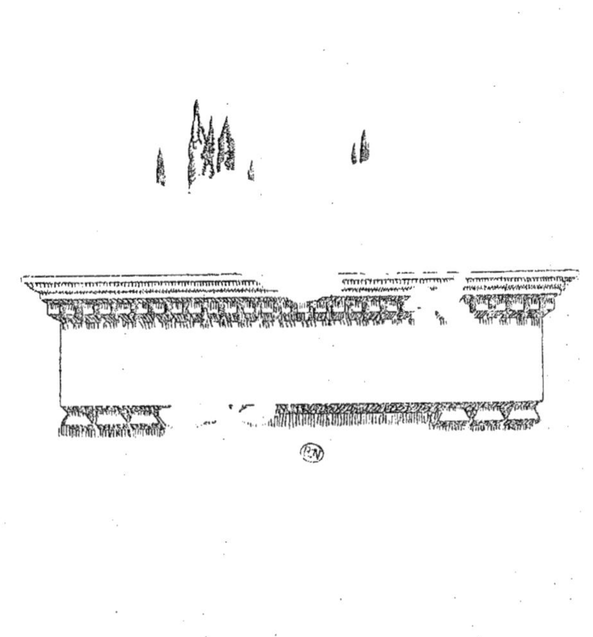

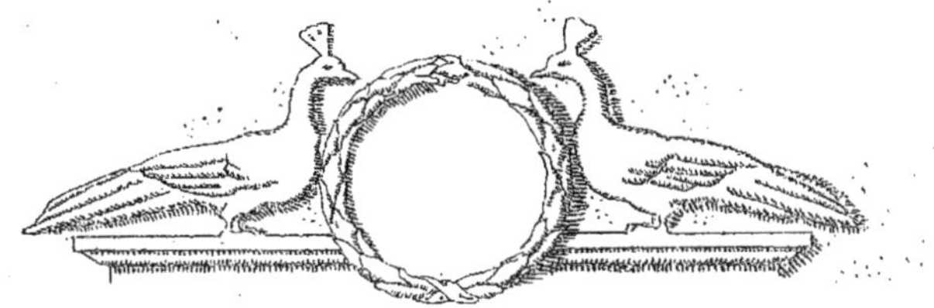

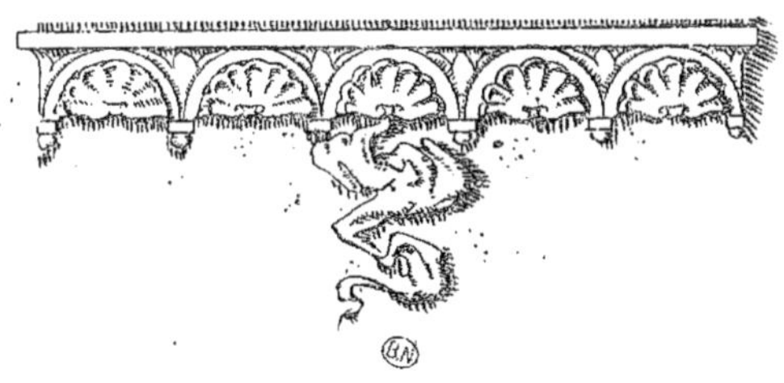

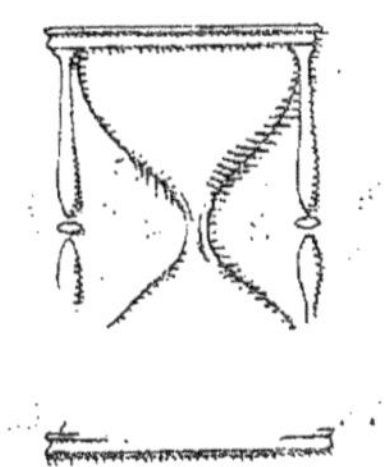

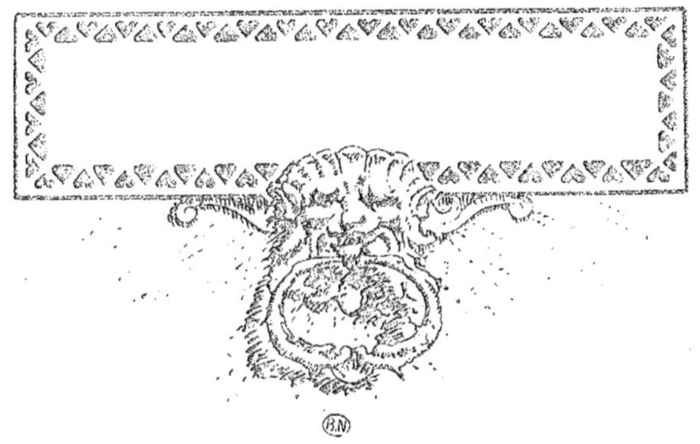

Antonio
Bazzi

Sodoma
detto

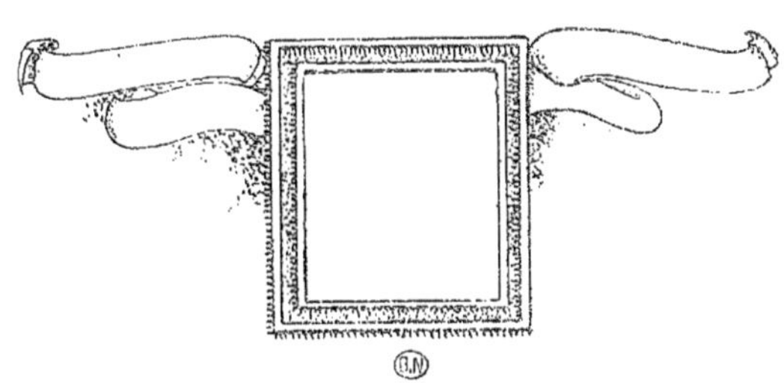

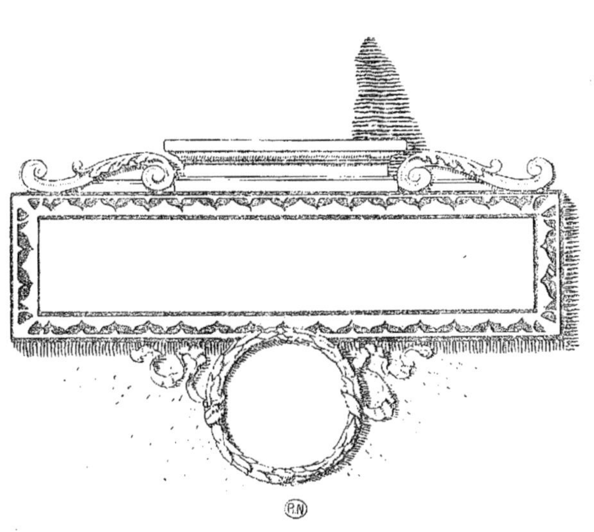

ISOTE ARIMINENSI FORMA ET VIRTUTE ITALIE DECORI

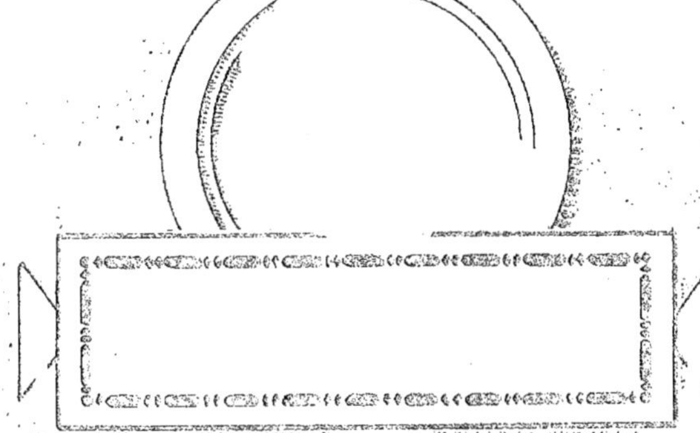

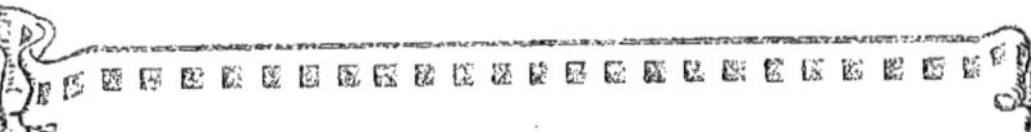

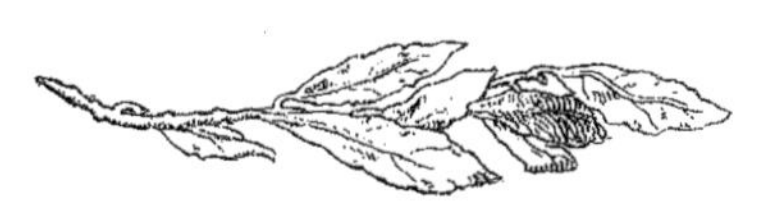

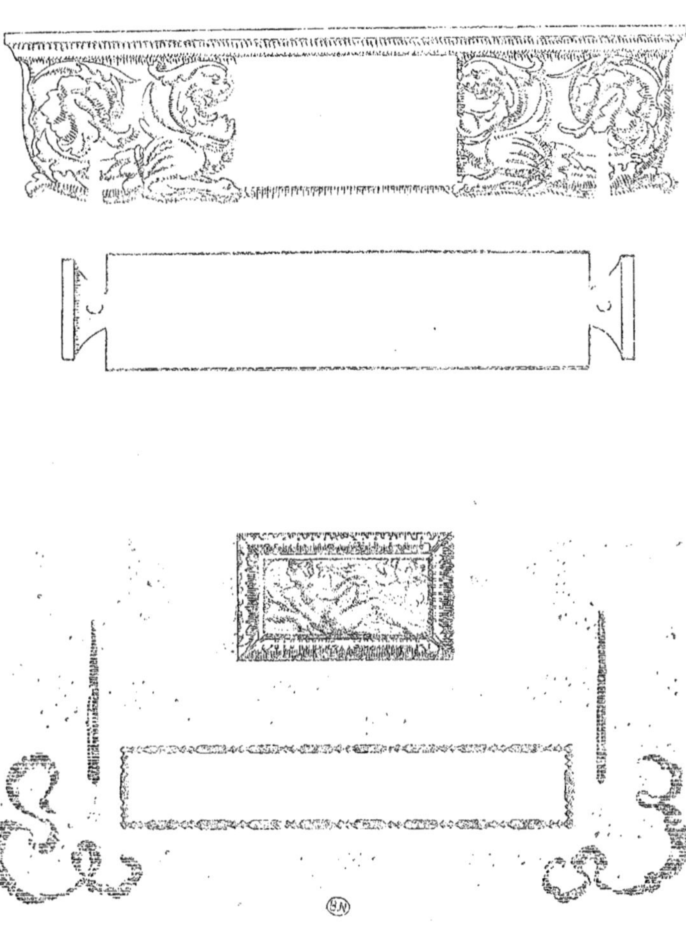

Aug. H. Thomas.

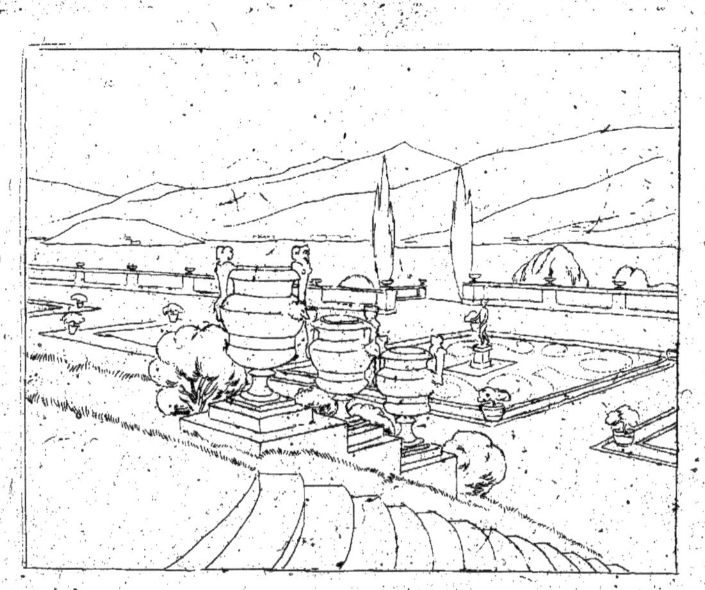

Chartreuse du val d'Ema
près · Florence

Chartreuse du val d'Ema
près Florence

MUSEO
MUSÉE DE BOLOGNE
Aug. H. Thomas 1911

MUSEO
MUSEE DE BOLOGNE

public à Bologne

18 bis

www.ingramcontent.com/pod-product-compliance
Ingram Content Group UK Ltd.
Pitfield, Milton Keynes, MK11 3LW, UK
UKHW021127220726
13924UKWH00004B/1941

9 782019 218997